Vente du Jeudi 1ᵉʳ Mars 1877

HOTEL DROUOT, SALLE Nᵒ 7

A DEUX HEURES

OBJETS DE VITRINE

DES

XVIᵉ, XVIIᵉ ET XVIIIᵉ SIÈCLES

Formant en majeure partie la

Collection de M. L...

EXPOSITION PUBLIQUE

Le Mercredi 28 Février 1877, de 1 heure 1/2 à 5 heures 1/2.

Mᵉ ESCRIBE | M. BLOCHE

COMMISSᵉ-PRISEUR   EXPERT

Rue de Hanovre, 6. | Boulevard Montmartre, 19.

PARIS — 1877

Vᵉ RENOU, MAULDE et COCK

IMPRIMEURS DE LA COMPAGNIE DES COMMISSAIRES-PRISEURS

Rue de Rivoli, 144

CATALOGUE

DE BEAUX

OBJETS DE VITRINE

DES

XVIᵉ, XVIIᵉ ET XVIIIᵉ SIÈCLES

Belles Boîtes en or émaillé et en matières précieuses
Miniatures, Portraits historiques
Ivoires, Émaux byzantins et de Limoges, beau Manuscrit
du XVIᵉ siècle
beau Miroir vénitien, Jades, Sardoines
Cristaux de roche

BIJOUX ANCIENS ET MODERNES

ORFÉVRERIE, CURIOSITÉS

Formant en majeure partie la Collection de M. L.

DONT LA VENTE AURA LIEU

HOTEL DROUOT, SALLE Nº 7

Le Jeudi 1ᵉʳ Mars 1877

A DEUX HEURES

Par le ministère de **Mᵉ ESCRIBE**, Commissaire-Priseur,
rue de Hanovre, 6,

Assisté de **M. BLOCHE** Expert, boulevard Montmartre, 19,

EXPOSITION PUBLIQUE

Le Mercredi 28 Février 1877, de 1 heure 1/2 à 5 heures 1/2.

PARIS — 1877

CONDITIONS DE LA VENTE

—

Elle sera faite expressément au comptant.

Les Acquéreurs paieront CINQ POUR CENT, en sus des adjudications.

DÉSIGNATION

TABATIÈRES. BONBONNIÈRES

1 — Très-belle Boîte, de forme ovale, en or émaillé en plein, offrant six sujets d'après Watteau. Les bordures et les entre-deux des médaillons finement émaillés représentent des opales, des palmes et des rinceaux.

2 — Belle Boîte rectangulaire, à coins arrondis, en mosaïque de Neubert, ornée sur le couvercle d'une plaquette en ancien laque du Japon représentant sur fond noir des cerfs à rehauts d'or; monture à charnière perdue et à cage en or, de l'époque Louis XVI.

3 — Belle Boîte ovale en or guilloché, à charnière, offrant dessus, dessous et au pourtour des *Marines et des Paysages* émaillés en brun. Les bordures et les entre-deux des sujets sont à petits médaillons dits *herborisations*, fond opalin, entre-coupés de guirlandes de fleurs ciselées et émaillées. Travail du temps de Louis XVI.

4 — Jolie Boîte ovale, à charnière, en or de couleur ciselé, offrant au centre une rosace à feuilles d'acanthe, au pourtour des couronnements de cadres, bordures à chaînettes. Travail du temps de Louis XVI.

5 — Boîte ovale, à charnière, en or guilloché, rehaussée de bordures émaillées, fond gros bleu à guirlandes réservées. Travail du temps de Louis XVI.

6 — Bonbonnière en vernis Martin, enrichie sur le couvercle d'un fixé attribué à Antaùme; monture en or à chaînette. Travail du temps de Louis XVI.

7 — Boîte ovale, à charnière, en lapis de Perse, montée en or. Travail du temps de Louis XVI (Dans son écrin de l'époque).

8 — Boîte rectangulaire, à charnière, en aventurine, montée en or, époque Louis XVI.

9 — Bonbonnière en purpurine, ornée sur le couvercle d'un émail peint en grisaille représentant un buste d'homme, époque Louis XVI.

10 — Jolie Boîte, de forme haute, à côtes et cintrée, en émail de Saxe, offrant des sujets à petits personnages en couleur, monture à charnière et à griffe en argent, époque Louis XIV.

11 — Boîte à contours en écaille, offrant sur le couvercle des petits personnages de la Comédie italienne dans un monument. Travail de piqué d'argent du temps de Louis XV.

12 — Bonbonnière ronde en vernis Martin, offrant sur le couvercle une famille chinoise; dessous un paysage, époque Louis XVI.

13 — Bonbonnière ronde en ivoire, offrant sur le couvercle en bas-relief, une scène allégorique, époque Louis XIV.

14 — Boîte carrée, à charnière, en ancienne porcelaine de Chantilly; décor à fleurs en relief.

15 — Boîte ovale, à charnière, en écaille, offrant dessus et au pourtour des médaillons en émail cloisonné sur fond d'or.

16 — Boîte à contours, à charnière, en écaille, offrant dessus un médaillon (*le Char de Diane*) encadré de rinceaux et de quadrupèdes. Travail de piqué d'argent, époque Louis XV.

17 — Bonbonnière ronde, offrant sur le couvercle une mosaïque de Florence; monture en or.

18 — Boîte à charnière en agate mamelonnée; monture en vermeil gravé à griffe, époque Louis XV.

19 — Bonbonnière en vert antique; monture en or, époque Louis XVI.

20 — Bonbonnière en écaille piquée d'or, époque Louis XVI.

21 — Boîte à pans en agate orientale; monture à charnière en argent, époque Louis XVI.

22 — Boîte en agate, montée en argent et à charnière,
époque Louis XV.

23 — Bonbonnière en vernis de Martin, fond rouge,
ornée d'une miniature au centre (*le Baquet de
Mesmer*).

24 — Boîte en argent, de l'époque Louis XVI.

25 — Bonbonnière en ivoire, ornée sur le couvercle
d'une miniature sur vélin (*les Quatre Saisons*
représentées par des Amours) attribuée à Huet;
monture en argent, époque Louis XVI.

26 — Bonbonnière ronde en ivoire sculpté à jour, offrant
dessus et dessous des médaillons à scènes allégoriques, époque Louis XVI.

MINIATURES

27 — Jolie Miniature rectangulaire sur vélin (*M*^{me} *de
Châteauroux*), représentée en buste et comme
allégorie d'un fleuve, attribuée à *Boucher*. Cadre
en or gravé.

28 — Jolie Miniature ronde (*M*^{me} *de Saint-Giron*), représentée en buste, coiffure haute et poudrée, par
Périn.

29 — Jolie Miniature ovale (*Princesse de Saxe*), repré-
senté en buste, coiffure poudrée, corsage
décolleté (époque Louis XV).

30 — Miniature rectangulaire représentant *Louis XIV* et
Mlle de La Vallière en Diane. Peinture sur vélin
de l'époque.

31 — Miniature rectangulaire (*Mme de Pontchartrain*),
représentée en buste et tenant des fleurs (époque
Louis XV).

32 — Quatre Miniatures sur ivoire (*Portraits de dames,
époque de l'Empire*); l'une signée *Parent*, les
autres attribuées à *Saint* et à *Aubry*. Dans un
cadre doré.

BIJOUX, MATIÈRES PRÉCIEUSES
CURIOSITÉS

33 — Beau Haut-Relief en ivoire, représentant *Adam et
Ève implorant la clémence de Dieu*. Composition
de dix figures. Travail du temps de Louis XIV.

34 — Très-beau Livre d'heures du XVIe siècle. Manuscrit latin avec majuscules ornées et à sujets,
vignettes en couleur, enrichi de dix-huit miniatures. Le tout à rehauts d'or.

35 — Beau Coffret composé de quatre plaques en émail
de Limoges, peintes en grisaille (sujets mytho-
logiques, xvie siècle; monture en bois d'ébène
dans le style de l'époque.

36 — Joli Vidrecome en cristal de roche taillé à pans;
monture en cuivre doré, à feuilles d'acanthe;
anse formée d'une baigneuse assise sur des rinceaux (Provient de la Collection Allègre).

37 — Environ quatre-vingt-quatre Boules et Poires en
cristal de roche.

38 — Belle Coupe en cuivre émaillé. Travail byzantin,
représentant des chevaliers au centre, et au
pourtour des figures, des quadrupèdes et des
écussons.

39 — Beau Miroir vénitien, cadre fond en cuir, offrant
un fer repercé et découpé; aux angles, des
fleurs de lis; au pourtour, des arabesques,
des mascarons et des figures allégoriques de la
Musique et de l'*Abondance;* au fronton, des
enroulements couronnés par une tête de chéru-
bin. Travail du xvie siècle.

40 — Beau Verre de Venise, élevé sur pied à ailerons
bleus et à torsades opalines, avec couvercle
couronné d'ornements analogues et d'un
oiseau (xvie siècle).

41 — Plaquette rectangulaire en ivoire, offrant en bas-
relief un Amour couché sur une tête de mort
(époque Louis XIV).

42 — Jolie Coupe ronde en sardoine orientale, taillée en pointes de diamants.

43 — Médaillon ovale en ivoire, représentant, en bas-relief, *l'Archange annonçant la Résurrection* (époque Louis XVI).

44 — Belle Montre ronde en cuivre repercé et ciselé, offrant, dessus, des rinceaux et des cariatides; au pourtour, des chiens et des chevaux courant dans des arabesques, et dessous une rosace composée de cariatides, d'enfants et d'ornements. Travail du xvie siècle (Provient de la Collection Allègre).

45 — Jolie Montre à pans en cuivre gravé et repercé, xvie siècle (Provient de la Collection Allègre).

46 — Montre oblongue à pans en cuivre uni, à rosaces repercées aux chiffres A. R. G., xvie siècle (Provient de la Collection Allègre).

47 — Plaque rectangulaire en Wedgwood, offrant cinq sujets et des guirlandes de fleurs (époque Louis XVI).

48 — Flacon en Wedgwood, représentant des enlèvements; monture en argent.

49 — Flacon en Wedgwood fond noir, représentant, de chaque côté, des Nymphes et des Amours; monture en or.

50 — Plaquette ronde en biscuit de Sèvres, imitant le
Wedgwood (*Amour assis*), époque Louis XVI).

51 — Porte-Cigarette en corail sculpté; monture en or
(Provient de la Collection Demidoff).

52 — Cachet, formé par une Divinité égyptienne, en
lapis; monture en vermeil, époque Louis XIV.

53 — Souvenir en ivoire, monté en or, offrant sur
chaque côté une miniature, sujets d'après
Huet, époque Louis XVI.

54 — Éventail en vernis Martin, représentant *Diane et
Actéon*, époque Louis XV.

55 — Petit Magot en cristal de roche fumé. Travail
chinois.

56 — Cuiller en ambre sculpté, forme coquille.

57 — Coupe à anse en aventurine.

58 — Médaillon rond en verre églomisé, à rehauts d'or.

59 — Étui Louis XVI en ivoire sculpté.

60 — Grosse Poire taillée et grosse Pendeloque en cristal
de roche.

61 — Gros Cachet en cristal de roche taillé.

62 — Deux petits Socles en cristal de roche taillé.

63 — Poignée de sabre en cristal de roche taillé. Travail chinois.

64 — Petit Buffle en cristal de roche. Travail chinois.

65 — Deux petits Cachets en cristal de roche taillé, à facettes.

66 — Joli Groupe de dragons et de fleurs en jade blanc sculpté à jour. Travail chinois.

67 — Presse-Papier, forme feuille, en cornaline orientale. Travail chinois.

68 — Deux petits Sceptres de mandarins en jade blanc sculpté à jour.

69 — Petite Table en sardoine orientale, offrant en haut-relief des fleurs, élevée sur socle en bois de Tonkin incrusté d'argent.

70 — Petite Théière en bronze Tonkin, offrant sur fond de patine noir un dragon gravé et frotté. Travail du xviie siècle.

71 — Verre de Bohème gravé à armoiries, pied en cuivre, époque Louis XIII.

72 — Deux Jardinières en faïence de Marseille; décor d'oiseaux et fleurs en relief.

73 — Deux Bols en ancienne porcelaine du Japon; décor polychrome.

74 — Plateau oblong en ancien émail cloisonné du Japon.

75 — Coffret en marqueterie ancienne.

76 — Bronze ancien du Japon.

77 — Paire de Boutons d'oreilles, composés de solitaires en brillants.

78 — Bague en or enrichie d'une perle entourée de brillants.

79 — Paire de Boutons d'oreilles, pavés en brillants.

80 — Bague en or, enrichie de quatre brillants.

81 — Bague en or, enrichie d'une améthyste au chiffre A, entourée de vingt-six brillants.

82 — Paire de Pendants d'oreilles, en or, enrichis de roses, Louis XVI.

83 — Paire de Pendants d'oreilles anciens, émaillés, enrichis de grenats.

84 — Bague ancienne, diamants et rubis.

85 — Bague ancienne, enrichie d'émeraudes, rubis et saphirs.

86 — Médaillon ancien en argent avec un émail.

87 — Deux Boucles anciennes en argent, enrichies de rubis, émeraudes et saphirs.

88 — Deux Reliquaires avec peintures montés en **argent**, Louis XIII.

89 — Collier ancien en argent.

90 — Montre en cuivre et cristal de roche (xviie siècle).

91 — Couteau en écaille et or (xviiie siècle).

92 — Deux Étuis anciens, garnis en argent

93 — Dentelles d'argent anciennes.

94 — Trois Camées durs. Travail ancien.

95 — Coffret en cristal taillé; monture en cuivre.

96 — Deux Rasoirs, lames de damas gravées, manches en nacre; monture en argent doré.

97 — Deux paires de Vases en porcelaine de Chine.

98 — Huit pièces : Plats, Assiettes et Écuelles en faïence française et de Delft.

99 — Quatre petites Figurines en porcelaine d'Allemagne.

100 — Oiseau en grès émaillé.

ORFÉVRERIE

101 — Belle Coupe formée par une coquille finement gravée, offrant des figures au milieu d'arabesques et de fleurs sur traits déliés, élevée sur un pied en argent repoussé représentant un Amour posé sur deux paons adossés à un tronc d'arbre prenant naissance dans la base, à bossages ornés de fleurs et de palmes.

102 — Deux Coupes anciennes en argent.

103 — Coupe élevée sur pied en argent, de l'époque Louis XVI.

104 — Monture d'escarcelle en argent, époque Louis XIV.

105 - Corbeille en filigrane d'argent, époque Louis XIII.

106 — Deux Fermoirs de livres en argent, époque Louis XIV.

107 — Flacon en argent, offrant des scènes d'après Watteau et des oiseaux encadrés de rocailles, époque Louis XV.

108 — Flacon en argent ciselé, offrant des scènes chinoises d'après *Bérain*, époque Louis XIV.

109 — Jolie petite Pendule en forme de monument dômé, couronnée par un petit buste. Sur les quatre côtés et dessus, elle offre des sujets allégoriques émaillés en couleur sur cuivre; monture à colonnettes se terminant par des dragons en argent doré.

MEUBLES

110 — Écran en tapisserie au point de Saint-Cyr, monté
en palissandre.

111 — Table à ouvrage en acajou, ornée d'une peinture,
médaillon de fleurs.

112 — Table à ouvrage en érable, ornée d'une peinture,
médaillon de fleurs.

Ves RENOU. MAULDE et COCK. imprs de la Compagnie des Commissaires-Priseurs,
rue de Rivoli, 144.   73402

www.ingramcontent.com/pod-product-compliance
Lightning Source LLC
LaVergne TN
LVHW010848180726
843502LV00009B/3764